黒い糸で紡ぐ
ある家族の刺繍

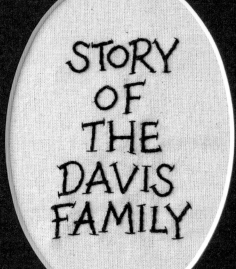

STORY
OF
THE
DAVIS
FAMILY

INTRODUCTION

出会った人の何気ないエピソードや仕草が、記憶に残っていることがあります。
わたしは覚えているのに、当の本人はまったく覚えていない。
逆にわたしはすっかり忘れているのに、相手はよく覚えている。
そんなうまくいかないところや、チグハグな感じが意外と気に入っています。

そのたわいもないけれど愛おしく感じた
記憶の引き出しの中から、架空の家族を作りました。
本当はたくさんの人の物語なんだけれど
"ある家族"という登場人物を設定することで
長い間開くことがなかった、
記憶の引き出しを開けるような本が作ってみたかったのです。
日々の何でもない暮らしの瞬間、好きなものや好きな景色、夢、秘密。
誰もが持っているはずなのに、特に気にも留めないなにかを通して
愛おしいなにかを思い出してもらえたら嬉しいです。

もう一つ、黒という色。
人によっても感じ方が異なる中で、一番フラットな色が黒だと思っています。
黒という色なのに、文字や線になるとあまり色として捉えられない。
まずは、黒という色をモノクロ写真のノスタルジーや
純粋にフラットな線として捉えてほしい。
そんな思いから、家族のエピソードを黒一色で表現しました。
同じ黒でも糸の太さや素材が異なることで生まれるコントラストや相乗効果。
ほかの色に置き換えたときの印象の違いや、
それによって感じていた時代が変わって見えたり、
黒の持つフラットさを感じつつ、
どのようにも展開できる黒の懐の深さを楽しんでもらえたら。
「自分ならこの色に置き換えたい」とか、
「このまま黒で刺したい」という楽しみも見つけていただけたら、またまた喜びます。

atsumi

CONTENTS

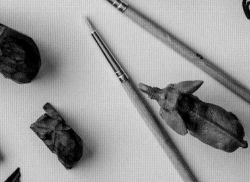

THE DAVIS FAMILY

4人とねこ1匹の5人家族。この本の登場人物。 → P.52

FAMILY CREST

FINLEY

温厚で多趣味なお父さん。器用でなんでもこなすけれど、歌うことだけは苦手。 → P.54

A STREET CORNER

バックパッカーをしていた頃に訪れた思い出の街角。 → P.55

→ P.56 昔途中で断念した、いつか家族で登ってみたい憧れの山。

MOUNTAIN RANGE

10

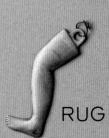

RUG　　当時恋人だったお母さんにお土産に買ったラグ。とても気に入っていて、いつの間にか自分のものにしている。 → P.57

→ P.58　はじめて一人旅をした際に、旅先で買い求めたその土地の民芸品。

FOLK CRAFTS

STILL LIFE WITH JUG

18歳の頃見たモランディの展覧会で衝撃を受け、独学で絵を描きはじめた。

<cite></cite>

→ P.59

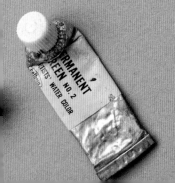

13

→ P.59

旅先の骨董品屋で一目惚れして買った壺。今はみんなの傘立てになっている。　VASE

14

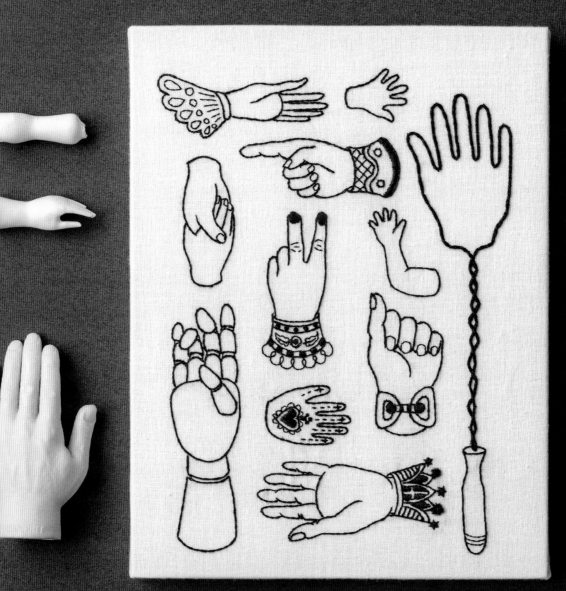

HAND

手のモチーフが好きでいつの間にかたくさん集めてしまったもの。 → P.61

→　P.62　小さな庭にたくさんの植物を育てていて、家の中にも花を欠かさない。　FLOWER ARRANGEMENT

CANDLE　　　眠れない夜は、お気に入りの燭台で蝋燭の火を眺めながらホットミルクを飲む。　　　→ P63

→ P.64　昔お父さんと旅した先で買おうか迷って買わずにいたら、帰国後お父さんがプレゼントしてくれた布。

CLOTH

→ P.65　毎年かかさず大切な家族や友人に送る手作りのカード。

GREETING CARD

JOSHUA

好奇心旺盛で絵を描くのが得意な男の子。家族にはまだ内緒だけれど初めてのガールフレンドができた。→ P.66

漫画を読むのも描くのも大好き。今は文字の書体や入れ方を研究中。　→　P.67

→ P.63　いつかUFOにさらわれてみたいと密かに思っている。

UFO

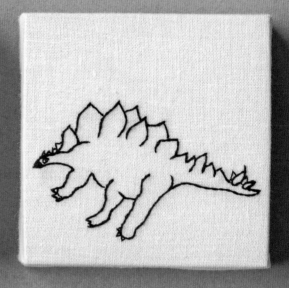

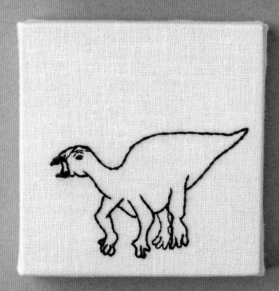

DINOSAUR　　　　　　　　小さい頃に描いた恐竜。よく描けていると両親が寝室に飾ってくれている。　→ P.68

28

TREASURED ITEM　ほかの人にはわからないかもしれないけれど、ひとつとしていらないものはない。大切な宝物。→ P.70

POPPY

おしゃれが好きでちょっとおませな女の子。くせ毛が気になるお年頃。 → P.69

→ P.73　どんな行事よりハロウィンが大好き。毎年半年以上をその準備に費やしている。

COSTUME

SKETCH　　　　　　　お母さんが育てた花をスケッチするのが、いつの頃からかのお気にいりの習慣。　→　P.74

36

CHILDHOOD DRAWINGS　　まったく記憶はないけれど、3歳の頃街のコンクールで特別賞をもらった絵。　→　P.75

→ P.76 離れて暮らすおじいちゃんの好きなチェスの駒。大切にしているけど、チェスには興味が持てない。

WILLOW

たまに人間のような黒猫。 → P.77

CAT SHAPE

たまに人間、たまに猛獣、たまに猫。 → P.78

→ P.79　なんとなく、前世ではサーカス団に在籍していた気がしている。

PREVIOUS LIFE

FAVORITE PLACE

この場所から誰かが料理しているのを寝てるフリして眺めるのが日課。 → P.80

→ P.81　いつか空を飛ぶことを夢見ている。

DREAM

A to Z

→ P.82

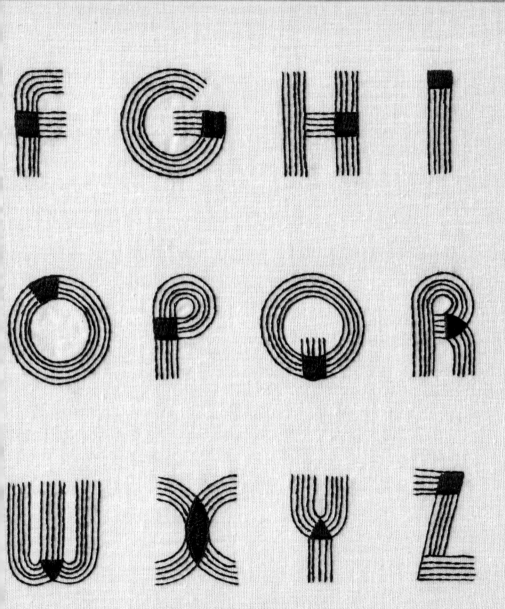

46

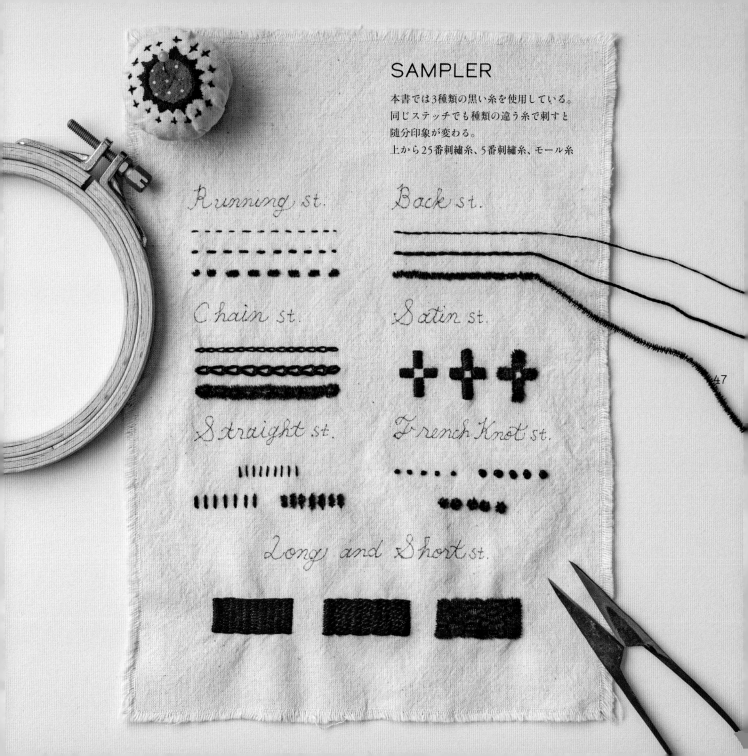

SAMPLER

本書では3種類の黒い糸を使用している。
同じステッチでも種類の違う糸で刺すと
随分印象が変わる。
上から25番刺繍糸、5番刺繍糸、モール糸

Running st.

Back st.

Chain st.

Satin st.

Straight st.

French Knot st.

Long and Short st.

MATERIALS & TOOLS

材料と道具

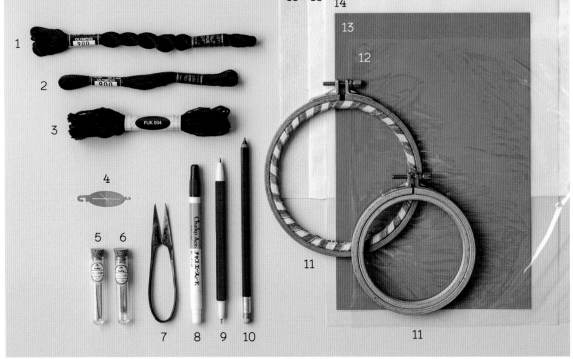

1　5番刺繍糸（オリムパス）＿黒（色番900）
25番よりも太く、より目がはっきりした糸。
そのまま1本で使用する。

2　25番刺繍糸（オリムパス）＿黒（色番900）
本書の中でメインで使用する基本の糸。6本
の糸がゆるくより合わせられており、必要な
本数を引きそろえて使用する。

**3　モール糸 FUKAFUKA（ototoito）
＿黒（色番004）**
密度の高い短めの毛足で、ふかふかとした触
り心地の糸。立体的に見せたいところや質感
を変えたいところに。

4　糸通し（ototoito）
糸の質感や光沢を損なわないように糸通しを
使用するのがおすすめ。 糸を引っかける部
分が大小あるので小さいほうは7号針、大き
いほうはシェニール針に適している。

5　フランス刺繍針No.7（チューリップ）
25番刺繍糸に使用。針先が鋭いのが特徴。

**6　シェニール針 普通地用 No.20
（チューリップ）**
5番刺繍糸、モール糸に使用。針先が鋭く、針
穴が長い。

7　糸切りはさみ
細かな糸の始末が多いので、先が細く切れ味
のいいものがおすすめ。

8　チョークペン
水で消えるタイプ。図案を写した後、薄かっ
たり、細かくて見づらい線を書き足したり、
直接描く際に使用する。

9　トレーサー
布に図案を転写する際に使用。インクの出な
くなったボールペンで代用することもできる。

10　シャープペン
本書に掲載された図案をトレーシングペーパー
に写す際に使用。

11　刺繍枠
図案の大きさによって直径10〜15cmの枠を
使い分ける。内枠にテープや布を巻きつけて
使うと滑り止めになり、生地が傷みにくい。

12　セロファン
布に図案を転写する際に図案の上に敷くこと
で、滑りをよくし破れるのを防ぐ。

13　チョークペーパー
布に図案を転写する際に使用。片面タイプの
水で消せるもの。

14　トレーシングペーパー
本書に掲載された図案を写す際に使用。

15　布
作品は、主にシーチングを使用している。平
織りの目がそろった布が刺しやすい。

図案を写す

本書の図案をトレーシングペーパーに書き写し、その図案を使って布に写す。

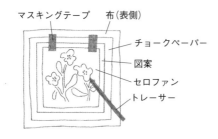

マスキングテープ
布(表側)
チョークペーパー
図案
セロファン
トレーサー

刺繍枠にはめる

刺繍枠の内枠の上に図案を写し取った布をのせる。図案が刺繍枠の中央にくるように調整して布の上から外枠をはめる。

金具が上

ステッチの刺し方

ストレートステッチ

1目の最もシンプルなステッチ。続けて刺す際は、「上から出して下に入れる」リズムをくずさないように進める。

1 3
出 出 5
4
入
2 6
入

ランニングステッチ

並縫いの要領で刺し進める。1目の大きさと間隔をそろえるときれいに仕上がる。ランダムに刺すとラフな印象。

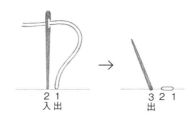

2 1
入 出 → 3 2 1
出

バックステッチ 49

返し縫いの要領で1目ずつ戻しながら刺し進める。針目と針目がつながって見えるように意識するときれいに。

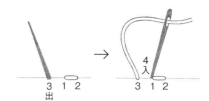

3 1 2
出 → 4
入
3 1 2

アウトラインステッチ

半目ずつ重なるステッチ。直線に見えるように意識して刺すときれいに仕上がる。つなぎ目が離れないように注意。

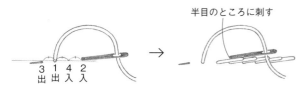

半目のところに刺す

3 1 4 2
出 出 入 入

チェーンステッチ

輪にして針を引く際に輪の部分を押さえ、調子を整えながら進めるときれいに仕上がる。その際は進行方向に糸を引く。

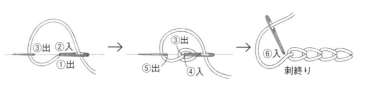

③出 ②入
①出 → ③出
⑤出 ④入 → ⑥入
刺終り

コーチングステッチ

線になる軸糸を小さな針目でとめていく。軸糸を図案の端から端まで渡し、その上から別糸でとめる。

糸を1本出し、別糸で等間隔にとめておく

フライステッチ

Yを1セットとするとわかりやすい。糸を整える際に、進行方向に引くと生地がつれにくい。

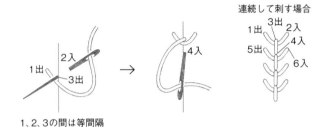

連続して刺す場合

1、2、3の間は等間隔

サテンステッチ

糸を平行に渡していき、面を埋めるように刺す。埋める面のいちばん短い針目と長い針目の差が少ない角度で刺すときれいに仕上がる。

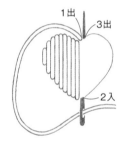

ロングアンドショートステッチ

長さの異なる針目で面を埋めるステッチ。両端は、長い針目、短い針目で交互に刺し、それ以外の内側になる部分は同じ長さの針目で埋める。

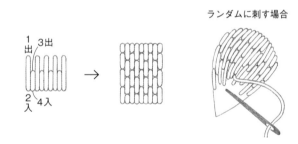

ランダムに刺す場合

レゼーデージーステッチ

糸を平行に渡していき、面を埋めるように刺す。埋める面のいちばん短い針目と長い針目の差が少ない角度で刺すときれいに仕上がる。

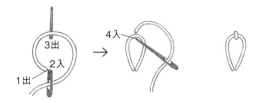

・ブリオンステッチの刺し方はp.64に掲載

クロスステッチ

2つの糸の針目をそろえて直角に重ねる。続けて刺す場合は、同じ角度の針目を続けて刺し、端までいったら折り返してもう一方の針目を刺す。

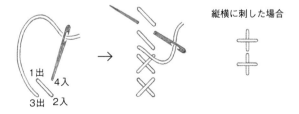

縦横に刺した場合

フレンチノットステッチ

点を作るステッチ。針に糸を巻きつけ、針の半分くらいまで刺したところで糸を引く。きつくすると小さな玉になり、ゆるくするとふんわりとした仕上りに。

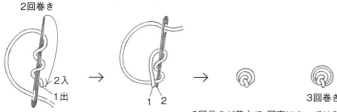

2回巻きが基本で、図案によっては3回巻きにする

スパイダーウェブステッチ

放射状の足場の1つずつにコブをつくっていくようなイメージ。2本の足場を針ですくうと覚えておくと、どこまでいったかがわからなくなったときに役立つ。

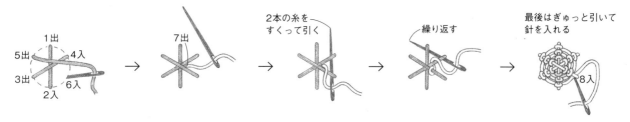

コーチドトレリスステッチ

格子状に渡した糸の重なる部分を小さな針目でとめる。本書では、とめ糸をストレートステッチかクロスステッチでとめている。指示のないところはストレートステッチ。

〈とめ糸をストレートステッチにした場合〉　〈とめ糸をクロスステッチにした場合〉

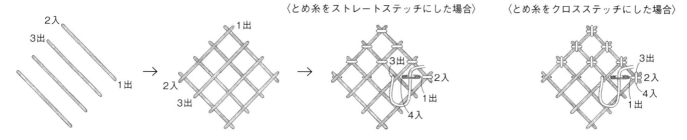

51

刺始めと刺終りの糸始末

刺始めは糸の端を玉結びにする。刺終りは玉止めにする。

〈刺始め〉　　　　　　　　　　　　　　　　〈刺終り〉

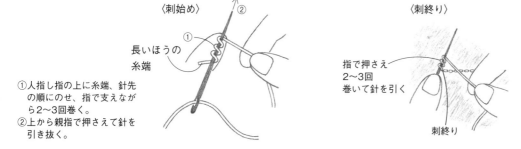

①人指し指の上に糸端、針先の順にのせ、指で支えながら2〜3回巻く。
②上から親指で押さえて針を引き抜く。

使用糸　25番刺繍糸（オリムパス）＿色番900
5番刺繍糸（オリムパス）＿色番900
FUKAFUKA（ototoito）＿色番004

5番／1本／コーチングS
25番／1本でとめ

25番／1本／
ストレートS

25番／1本／ストレートS

25番／1本／アウトラインS

25番／2本／
ロング＆ショートS

25番／2本／サテンS

25番／2本／
ロング＆ショートS

52

25番／2本／サテンS

25番／1本／ストレートS

25番／2本／サテンS

25番／1本／アウトラインS

25番／1本／ストレートS

25番／1本／バックS

25番／2本／
ロング＆ショートS

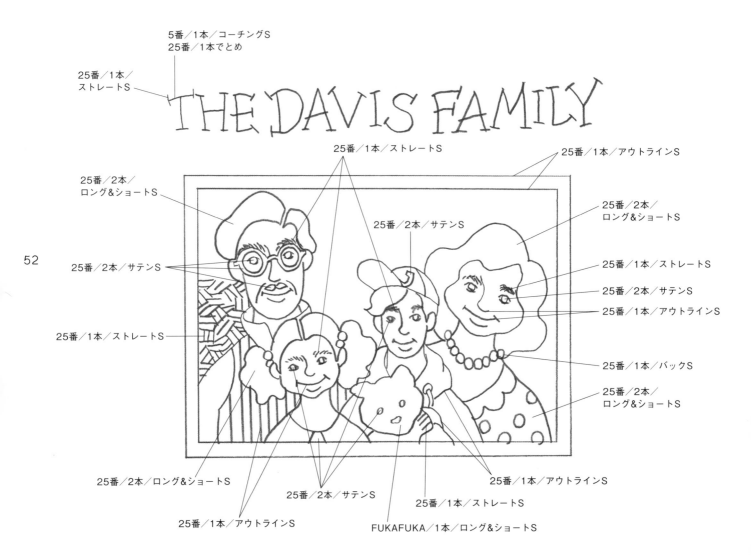

25番／2本／ロング＆ショートS

25番／2本／サテンS

25番／1本／アウトラインS

25番／1本／アウトラインS

25番／1本／ストレートS

FUKAFUKA／1本／ロング＆ショートS

使用糸 25番刺繍糸（オリムパス）＿色番900
FUKAFUKA（ototoito）＿色番004

FUKAFUKA／1本／フレンチノットS

25番／1本／アウトラインS

25番／2本／コーチドトレリスS
25番／2本でとめ

25番／2本／サテンS

25番／2本／フレンチノットS

25番／1本／バックS

25番／1本／アウトラインS

25番／1本／チェーンS

25番／1本／ストレートS

25番／2本／サテンS

25番／1本／バックS

25番／2本／
ロング＆ショートS

25番／1本／アウトラインS

25番／2本／サテンS

25番／1本／アウトラインS

25番／1本／アウトラインS

25番／2本／サテンS

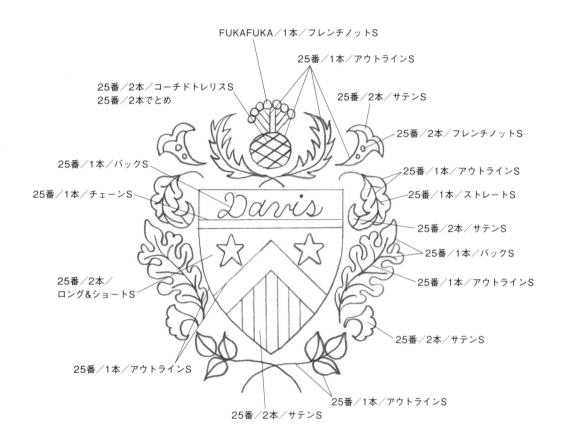

53

使用糸 25番刺繍糸（オリムパス）＿色番900

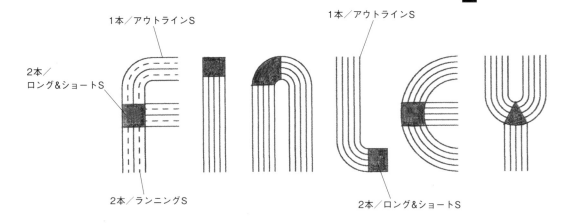

1本／アウトラインS

2本／
ロング＆ショートS

2本／ランニングS

1本／アウトラインS

2本／ロング＆ショートS

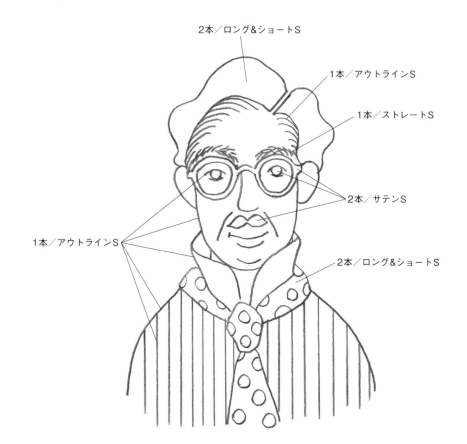

2本／ロング＆ショートS

1本／アウトラインS

1本／ストレートS

2本／サテンS

1本／アウトラインS

2本／ロング＆ショートS

54

使用糸 25番刺繍糸（オリムパス）＿色番900

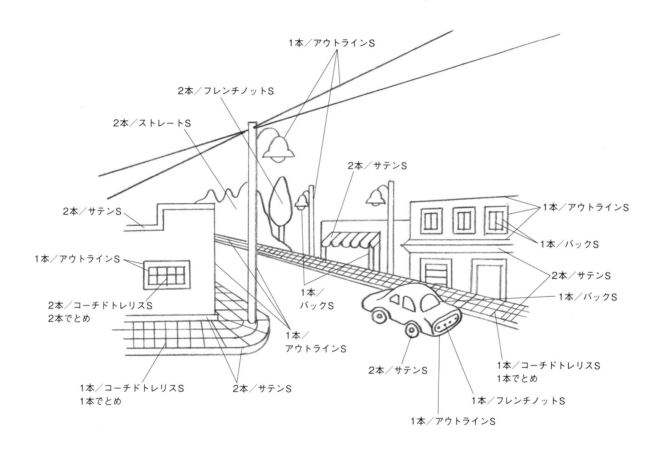

1本／アウトラインS

2本／フレンチノットS

2本／ストレートS

2本／サテンS

2本／サテンS

1本／アウトラインS

2本／コーチドトレリスS
2本でとめ

1本／コーチドトレリスS
1本でとめ

2本／サテンS

1本／
アウトラインS

1本／
バックS

1本／アウトラインS

1本／バックS

2本／サテンS

1本／バックS

1本／コーチドトレリスS
1本でとめ

1本／フレンチノットS

2本／サテンS

1本／アウトラインS

MOUNTAIN RANGE → P.9

使用糸　25番刺繡糸（オリムパス）＿色番900

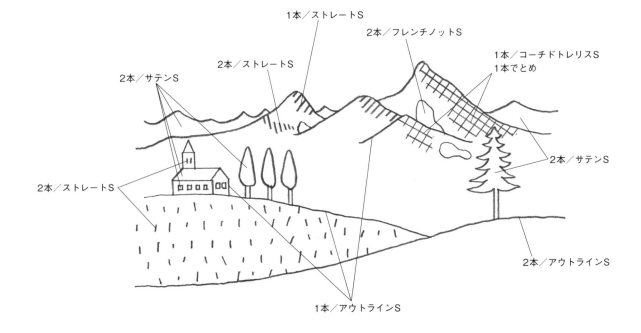

1本／ストレートS

2本／ストレートS

2本／フレンチノットS

1本／コーチドトレリスS
1本でとめ

2本／サテンS

2本／サテンS

2本／ストレートS

2本／アウトラインS

1本／アウトラインS

56

使用糸
25番刺繍糸（オリムパス）＿色番900
5番刺繍糸（オリムパス）＿色番900
FUKAFUKA（ototoito）＿色番004

57

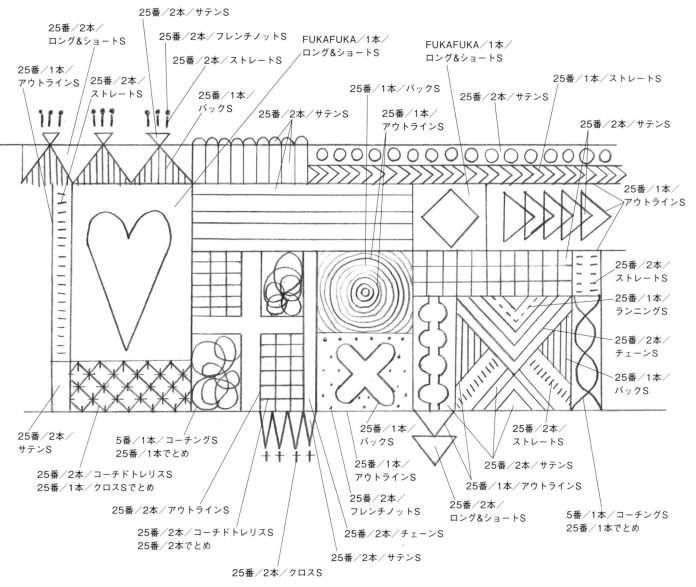

25番／2本／サテンS

25番／2本／
ロング＆ショートS

25番／2本／フレンチノットS

25番／2本／ストレートS

FUKAFUKA／1本／
ロング＆ショートS

FUKAFUKA／1本／
ロング＆ショートS

25番／1本／
アウトラインS

25番／2本／
ストレートS

25番／1本／
バックS

25番／2本／サテンS

25番／1本／バックS

25番／1本／
アウトラインS

25番／2本／サテンS

25番／1本／ストレートS

25番／2本／サテンS

25番／2本／サテンS

25番／1本／
アウトラインS

25番／2本／
ストレートS

25番／1本／
ランニングS

25番／2本／
チェーンS

25番／1本／
バックS

25番／2本／
サテンS

5番／1本／コーチングS
25番／1本でとめ

25番／2本／コーチドトレリスS
25番／1本／クロスSでとめ

25番／2本／アウトラインS

25番／2本／コーチドトレリスS
25番／2本でとめ

25番／2本／クロスS

25番／1本／
バックS

25番／1本／
アウトラインS

25番／2本／
フレンチノットS

25番／2本／チェーンS

25番／2本／サテンS

25番／2本／
ロング＆ショートS

25番／2本／
ストレートS

25番／2本／サテンS

25番／1本／アウトラインS

25番／2本／
ロング＆ショートS

5番／1本／コーチングS
25番／1本でとめ

使用糸　25番刺繍糸（オリムパス）＿色番900

2本／ロング＆ショートS

1本／アウトラインS

2本／サテンS

1本／アウトラインS

2本／フレンチノットS

1本／ストレートS

1本／バックS

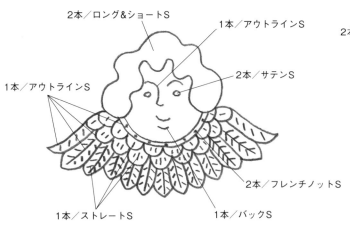

1本／アウトラインS

2本／ロング＆ショートS

2本／サテンS

1本／ストレートS

1本／アウトラインS

2本／サテンS

2本／サテンS

1本／アウトラインS

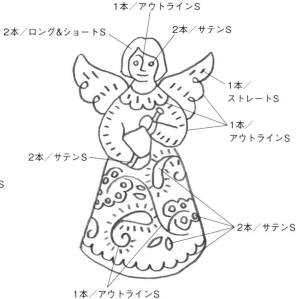

58

1本／スパイダーウェブS

2本／フライS

2本／クロスS

2本／フレンチノットS

1本／アウトラインS

2本／ストレートS

1本／クロスS

2本／サテンS

2本／バックS

2本／ロング＆ショートS

1本／バックS

1本／アウトラインS

2本／サテンS

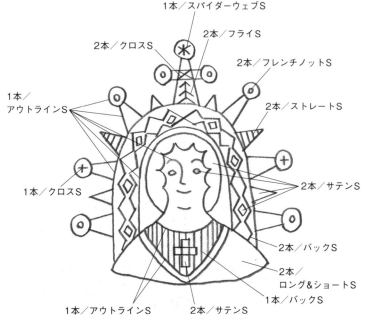

2本／サテンS

2本／ロング＆ショートS

2本／アウトラインS

1本／ストレートS

1本／クロスS

2本／サテンS

1本／アウトラインS

2本／ロング＆ショートS

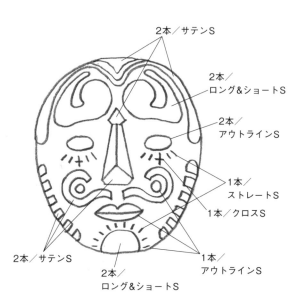

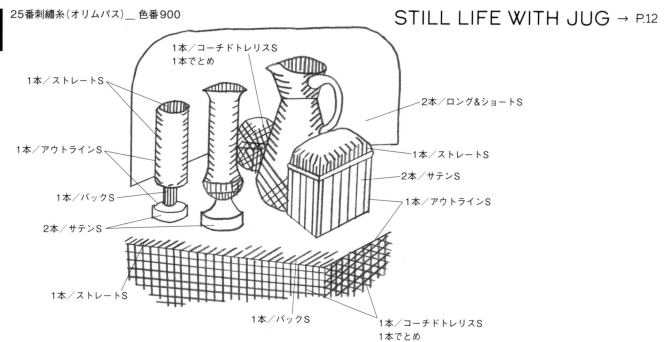

使用糸　25番刺繍糸（オリムパス）＿色番900

STILL LIFE WITH JUG → P.12

1本／コーチドトレリスS
1本でとめ

1本／ストレートS

1本／アウトラインS

1本／バックS

2本／サテンS

2本／ロング＆ショートS

1本／ストレートS

2本／サテンS

1本／アウトラインS

1本／ストレートS

1本／バックS

1本／コーチドトレリスS
1本でとめ

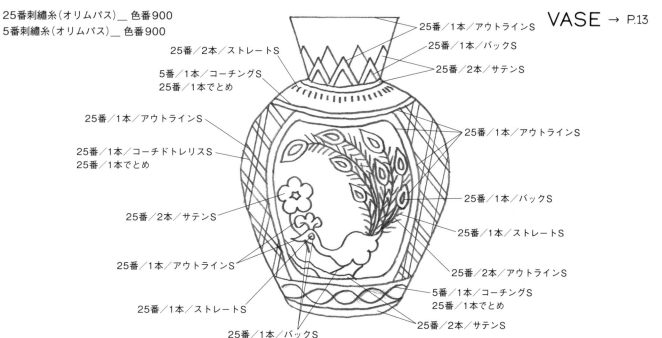

使用糸　25番刺繍糸（オリムパス）＿色番900
5番刺繍糸（オリムパス）＿色番900

VASE → P.13

25番／2本／ストレートS

5番／1本／コーチングS
25番／1本でとめ

25番／1本／アウトラインS

25番／1本／コーチドトレリスS
25番／1本でとめ

25番／2本／サテンS

25番／1本／アウトラインS

25番／1本／ストレートS

25番／1本／バックS

25番／1本／アウトラインS

25番／1本／バックS

25番／2本／サテンS

25番／1本／アウトラインS

25番／1本／バックS

25番／1本／ストレートS

25番／2本／アウトラインS

5番／1本／コーチングS
25番／1本でとめ

25番／2本／サテンS

使用糸 25番刺繍糸（オリムパス）＿色番900

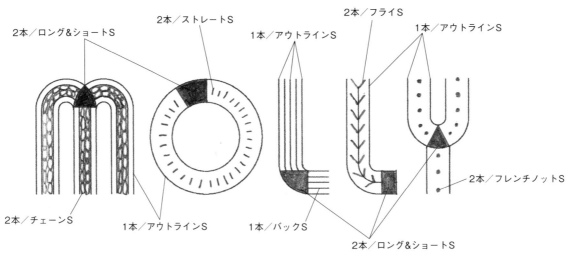

2本／ロング＆ショートS

2本／ストレートS

1本／アウトラインS

2本／フライS

1本／アウトラインS

2本／チェーンS

1本／アウトラインS

1本／バックS

2本／ロング＆ショートS

2本／フレンチノットS

60

1本／ストレートS

1本／アウトラインS

2本／サテンS

2本／ロング＆ショートS

1本／バックS

1本／バックS

1本／ランニングS

1本／アウトラインS

2本／サテンS

使用糸　25番刺繍糸（オリムパス）__ 色番900
5番刺繍糸（オリムパス）__ 色番900
FUKAFUKA（ototoito）__ 色番004

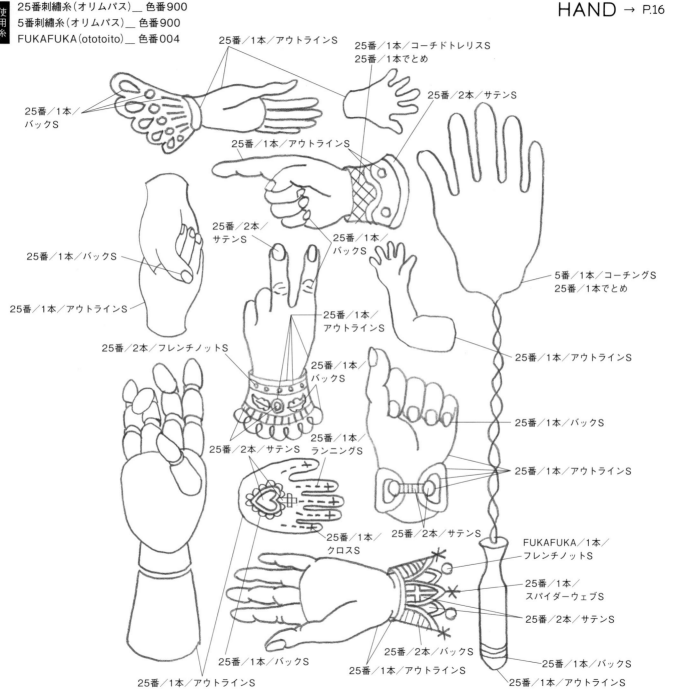

25番／1本／アウトラインS

25番／1本／コーチドトレリスS
25番／1本でとめ

25番／2本／サテンS

25番／1本／
バックS

25番／1本／アウトラインS

25番／2本／
サテンS

25番／1本／
バックS

25番／1本／バックS

25番／1本／アウトラインS

25番／2本／フレンチノットS

25番／1本／
アウトラインS

25番／1本／
バックS

5番／1本／コーチングS
25番／1本でとめ

25番／1本／アウトラインS

61

25番／1本／バックS

25番／2本／サテンS
25番／1本／
ランニングS

25番／1本／アウトラインS

25番／1本／
クロスS

25番／2本／サテンS

FUKAFUKA／1本／
フレンチノットS

25番／1本／
スパイダーウェブS

25番／2本／サテンS

25番／1本／アウトラインS

25番／2本／バックS

25番／1本／アウトラインS

25番／1本／バックS

25番／1本／アウトラインS

FLOWER ARRANGEMENT → P.17

使用糸　25番刺繍糸（オリムパス）__ 色番900
FUKAFUKA（ototoito）__ 色番004

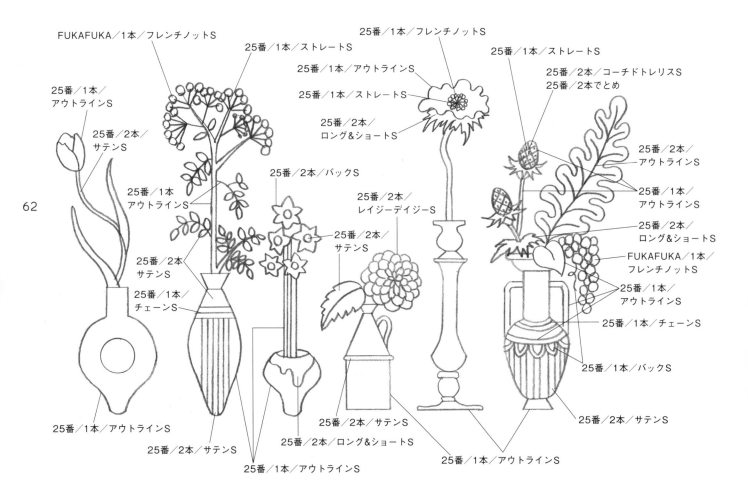

FUKAFUKA／1本／フレンチノットS

25番／1本／ストレートS

25番／1本／フレンチノットS

25番／1本／ストレートS

25番／1本／アウトラインS

25番／1本／アウトラインS

25番／1本／ストレートS

25番／2本／コーチドトレリスS
25番／2本でとめ

25番／2本／ロング＆ショートS

25番／1本／アウトラインS

25番／2本／アウトラインS

25番／2本／サテンS

25番／1本／アウトラインS

25番／2本／バックS

25番／1本／アウトラインS

25番／2本／レイジーデイジーS

25番／2本／アウトラインS

25番／2本／ロング＆ショートS

25番／2本／サテンS

25番／2本／サテンS

FUKAFUKA／1本／フレンチノットS

25番／2本／サテンS

25番／1本／チェーンS

25番／1本／アウトラインS

25番／1本／チェーンS

25番／1本／アウトラインS

25番／2本／サテンS

25番／2本／ロング＆ショートS

25番／1本／バックS

25番／2本／サテンS

25番／1本／アウトラインS

25番／1本／アウトラインS

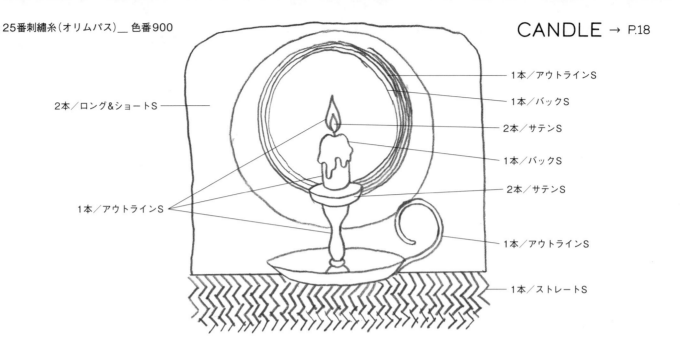

使用糸 25番刺繍糸（オリムパス）_ 色番900

CANDLE → P.18

2本／ロング＆ショートS

1本／アウトラインS

1本／バックS

2本／サテンS

1本／バックS

2本／サテンS

1本／アウトラインS

1本／アウトラインS

1本／ストレートS

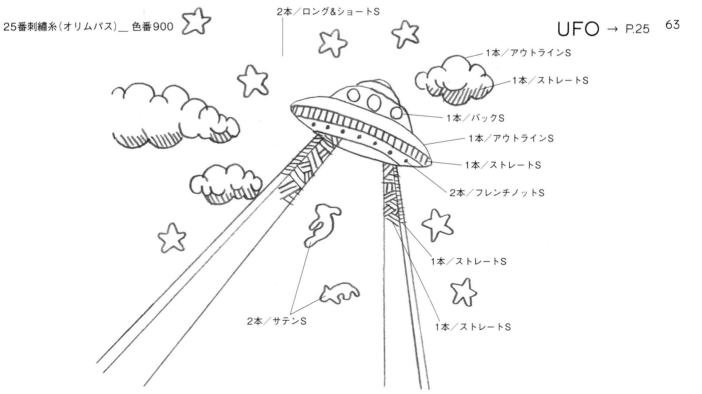

使用糸 25番刺繍糸（オリムパス）_ 色番900

2本／ロング＆ショートS

UFO → P.25   63

1本／アウトラインS

1本／ストレートS

1本／バックS

1本／アウトラインS

1本／ストレートS

2本／フレンチノットS

1本／ストレートS

2本／サテンS

1本／ストレートS

CLOTH → P.19

使用糸 25番刺繍糸（オリムパス）＿ 色番900

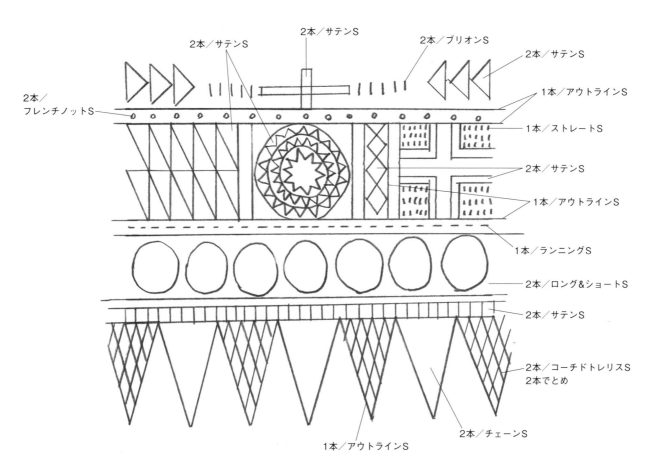

2本／サテンS

2本／サテンS

2本／ブリオンS

2本／サテンS

2本／フレンチノットS

1本／アウトラインS

1本／ストレートS

2本／サテンS

1本／アウトラインS

1本／ランニングS

2本／ロング＆ショートS

2本／サテンS

2本／コーチドトレリスS
2本でとめ

2本／チェーンS

1本／アウトラインS

64

ブリオンステッチの刺し方

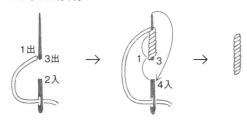

1出　3出
2入

1から出し、ステッチ
の長さだけ戻り、2に
入れ、3に針を出す

1　3
4入

針先にステッチの長さより少し長
めに糸を巻きつけ、再び2と同じ
位置の4に入れ、糸を引き締める

1本／バックS

1本／アウトラインS

1本／ストレートS

2本／サテンS

1本／アウトラインS

1本／バックS

2本／サテンS

使用糸 25番刺繍糸（オリムパス）＿色番900

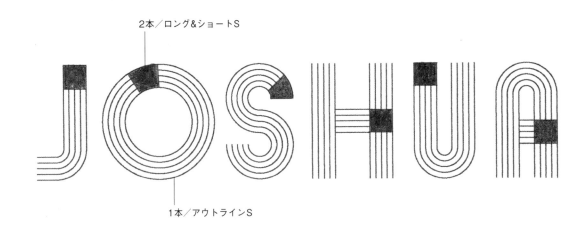

2本／ロング＆ショートS

1本／アウトラインS

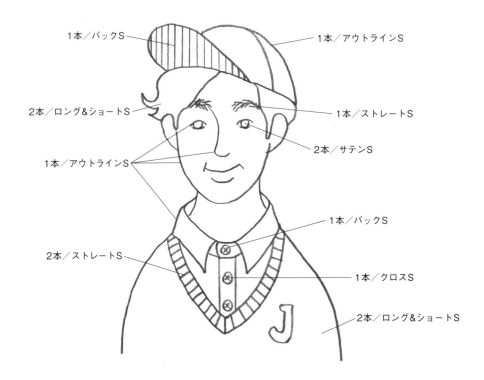

1本／バックS

1本／アウトラインS

2本／ロング＆ショートS

1本／ストレートS

2本／サテンS

1本／アウトラインS

1本／バックS

2本／ストレートS

1本／クロスS

2本／ロング＆ショートS

使用糸　25番刺繍糸（オリムパス）＿ 色番900

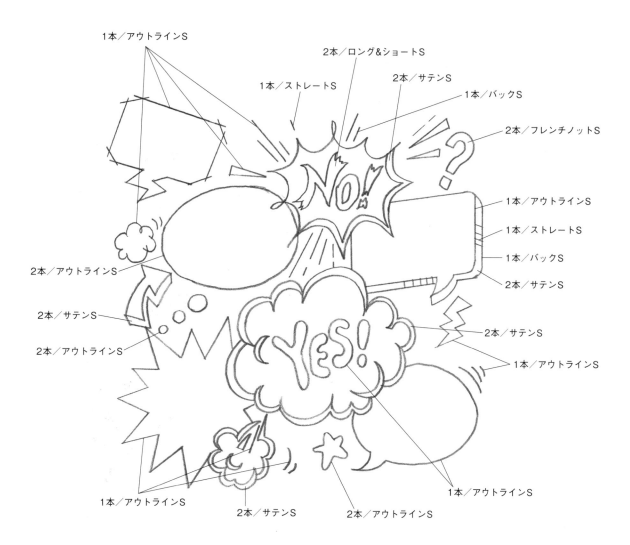

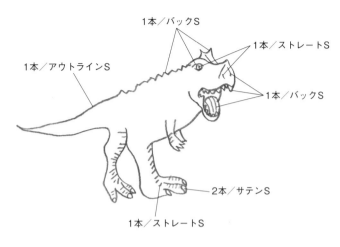

1本／バックS

1本／ストレートS

1本／アウトラインS

1本／バックS

2本／サテンS

1本／ストレートS

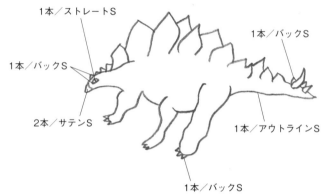

1本／ストレートS

1本／バックS

1本／バックS

2本／サテンS

1本／アウトラインS

1本／バックS

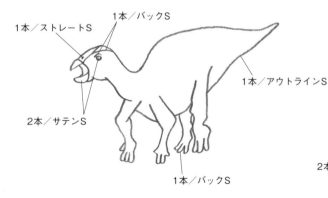

1本／ストレートS

1本／バックS

1本／アウトラインS

2本／サテンS

1本／バックS

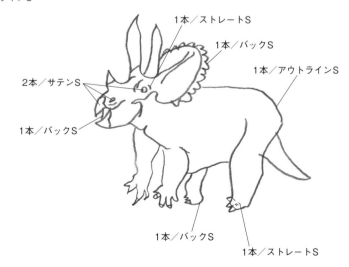

1本／ストレートS

1本／バックS

1本／アウトラインS

2本／サテンS

1本／バックS

1本／バックS

1本／ストレートS

使用糸	25番刺繍糸（オリムパス）＿ 色番900
	FUKAFUKA（ototoito）＿ 色番004

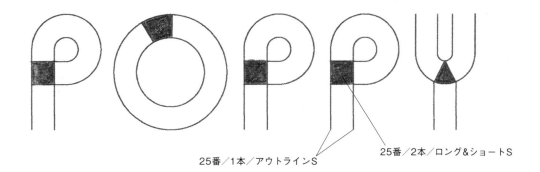

25番／1本／アウトラインS

25番／2本／ロング＆ショートS

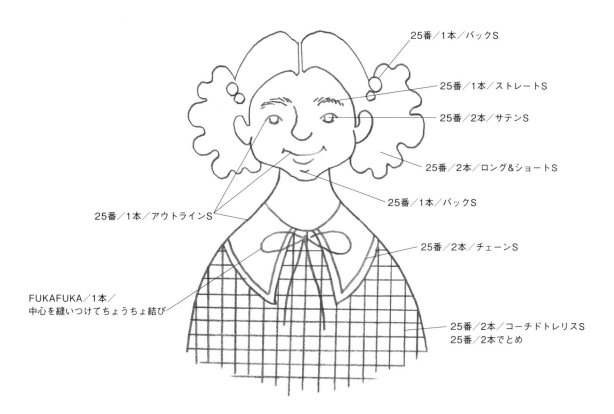

25番／1本／バックS

25番／1本／ストレートS

25番／2本／サテンS

25番／2本／ロング＆ショートS

25番／1本／バックS

25番／1本／アウトラインS

25番／2本／チェーンS

FUKAFUKA／1本／
中心を縫いつけてちょうちょ結び

25番／2本／コーチドトレリスS
25番／2本でとめ

25番刺繍糸（オリムパス）＿色番900
5番刺繍糸（オリムパス）＿色番900
使用糸

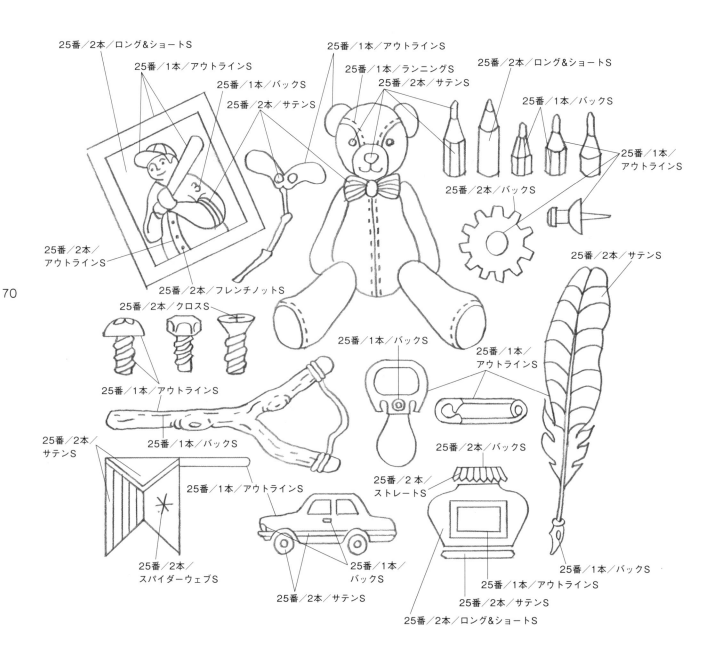

25番／2本／ロング＆ショートS

25番／1本／アウトラインS

25番／1本／バックS

25番／2本／サテンS

25番／2本／アウトラインS

25番／2本／フレンチノットS

25番／1本／アウトラインS

25番／1本／ランニングS

25番／2本／サテンS

25番／2本／ロング＆ショートS

25番／1本／バックS

25番／1本／アウトラインS

25番／2本／バックS

25番／2本／サテンS

25番／2本／クロスS

25番／1本／アウトラインS

25番／2本／サテンS

25番／1本／バックS

25番／1本／バックS

25番／1本／アウトラインS

25番／1本／アウトラインS

25番／2本／バックS

25番／2本／スパイダーウェブS

25番／1本／アウトラインS

25番／1本／バックS

25番／2本／ストレートS

25番／2本／サテンS

25番／2本／サテンS

25番／1本／アウトラインS

25番／2本／ロング＆ショートS

25番／1本／バックS

70

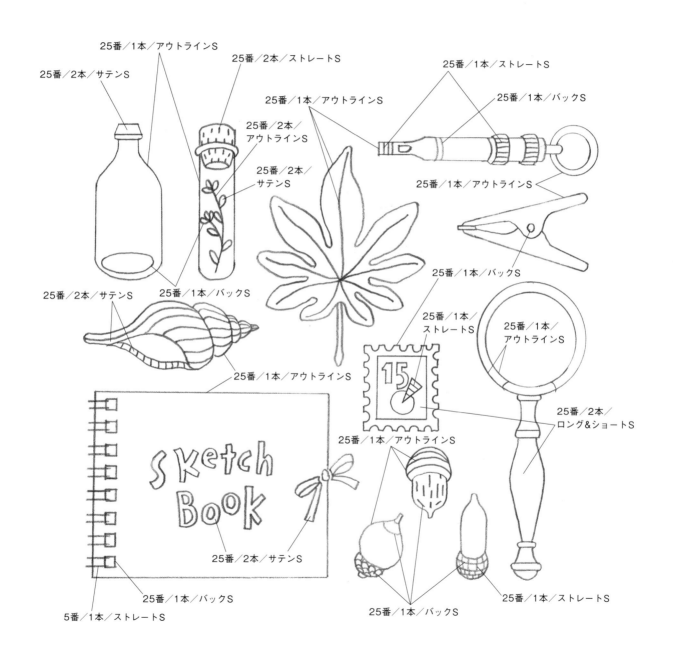

25番／2本／サテンS

25番／1本／アウトラインS

25番／2本／ストレートS

25番／1本／ストレートS

25番／1本／バックS

25番／1本／アウトラインS

25番／2本／アウトラインS

25番／2本／サテンS

25番／1本／アウトラインS

25番／1本／アウトラインS

25番／1本／バックS

25番／2本／サテンS

25番／1本／バックS

25番／1本／ストレートS

25番／1本／アウトラインS

25番／1本／アウトラインS

25番／1本／バックS

15

25番／1本／アウトラインS

25番／2本／ロング＆ショートS

Sketch Book

25番／2本／サテンS

25番／1本／バックS

5番／1本／ストレートS

25番／1本／バックS

25番／1本／ストレートS

BREEAKFAST → P.32

BREAKFAST → P.32

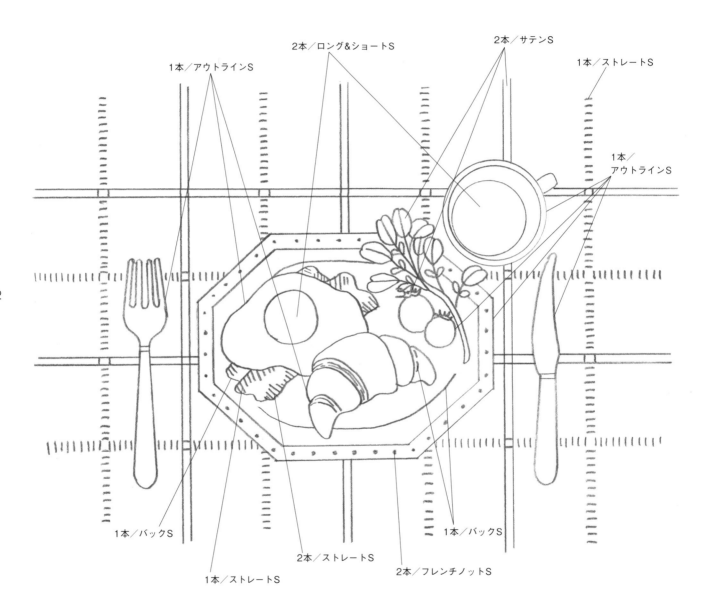

使用糸　25番刺繍糸（オリムパス）＿色番900

1本／アウトラインS

2本／ロング＆ショートS

2本／サテンS

1本／ストレートS

1本／
アウトラインS

72

1本／バックS

2本／ストレートS

1本／ストレートS

2本／フレンチノットS

1本／バックS

使用糸　25番刺繍糸（オリムパス）＿色番900

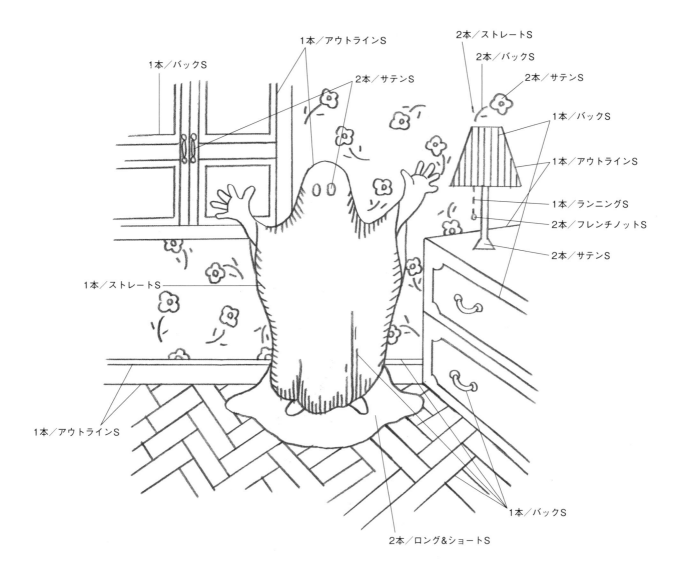

1本／バックS

1本／アウトラインS

2本／サテンS

2本／ストレートS

2本／バックS

2本／サテンS

1本／バックS

1本／アウトラインS

1本／ランニングS

2本／フレンチノットS

2本／サテンS

1本／ストレートS

1本／アウトラインS

1本／バックS

2本／ロング＆ショートS

73

使用糸　25番刺繍糸（オリムパス）＿色番900
5番刺繍糸（オリムパス）＿色番900

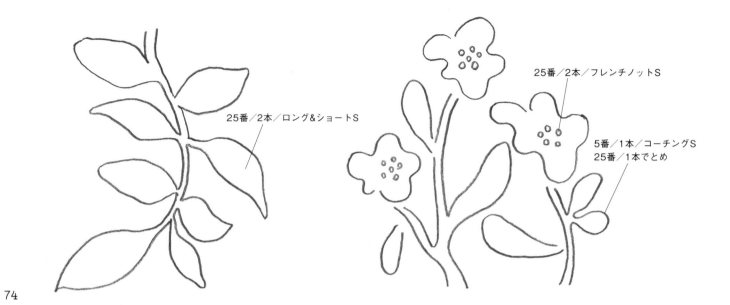

25番／2本／フレンチノットS

25番／2本／ロング＆ショートS

5番／1本／コーチングS
25番／1本でとめ

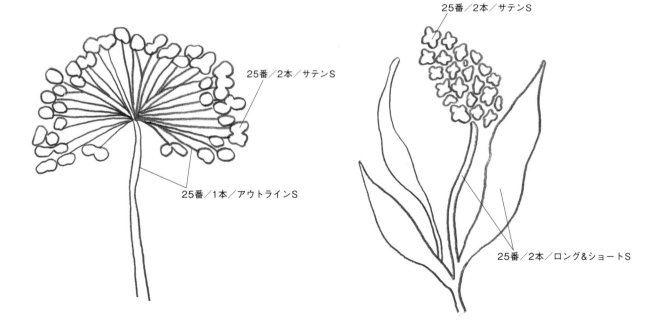

25番／2本／サテンS

25番／2本／サテンS

25番／1本／アウトラインS

25番／2本／ロング＆ショートS

使用糸 25番刺繍糸（オリムパス）＿色番900
5番刺繍糸（オリムパス）＿色番900
FUKAFUKA（ototoito）＿色番004

5番／1本／コーチングS
25番／1本でとめ

25番／2本／ロング＆ショートS

25番／2本／
サテンS

25番／2本／
サテンS

25番／2本／
ロング＆ショートS

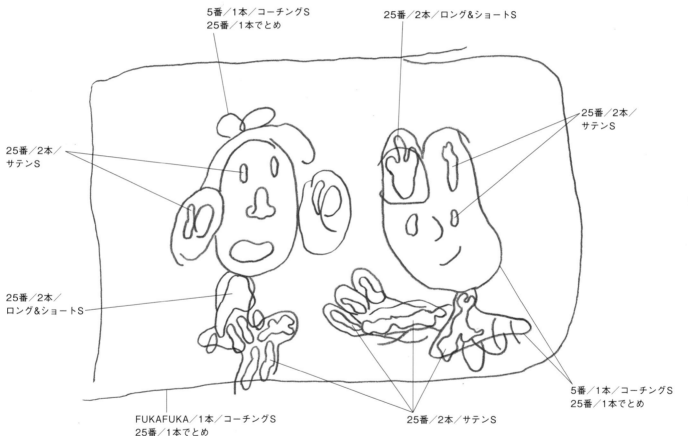

25番／2本／サテンS

5番／1本／コーチングS
25番／1本でとめ

FUKAFUKA／1本／コーチングS
25番／1本でとめ

使用糸　25番刺繍糸（オリムパス）＿色番900

1本／バックS

2本／チェーンS

1本／アウトラインS

2本／サテンS

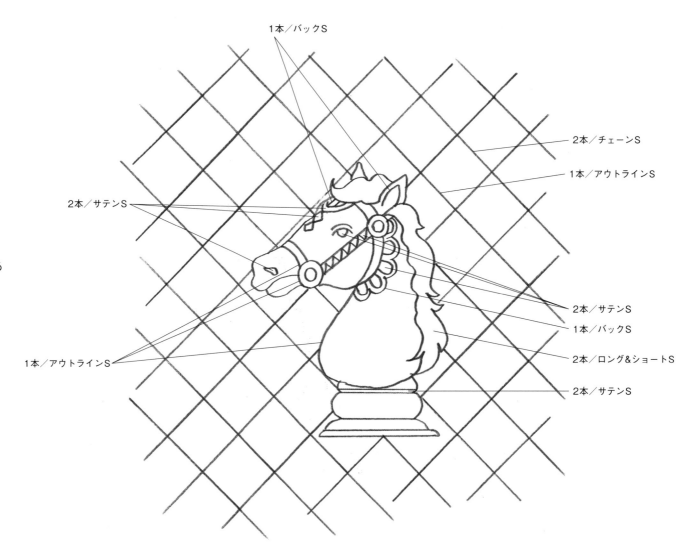

2本／サテンS

1本／バックS

2本／ロング＆ショートS

2本／サテンS

1本／アウトラインS

76

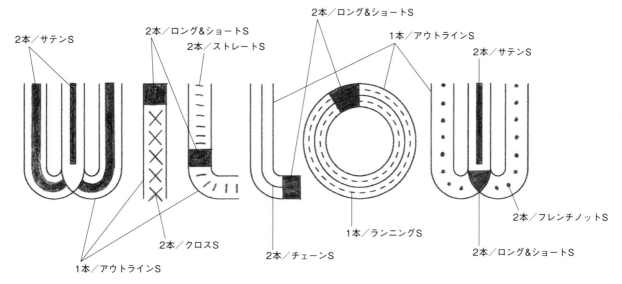

2本／サテンS

2本／ロング＆ショートS
2本／ストレートS

2本／ロング＆ショートS

1本／アウトラインS

2本／サテンS

2本／クロスS

1本／アウトラインS

2本／チェーンS

1本／ランニングS

2本／フレンチノットS

2本／ロング＆ショートS

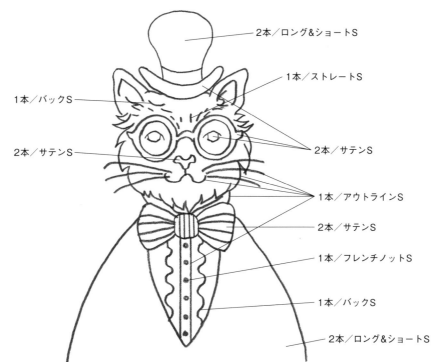

2本／ロング＆ショートS

1本／ストレートS

1本／バックS

2本／サテンS

2本／サテンS

1本／アウトラインS

2本／サテンS

1本／フレンチノットS

1本／バックS

2本／ロング＆ショートS

使用糸 25番刺繡糸（オリムパス）＿色番900
FUKAFUKA（ototoito）＿色番004

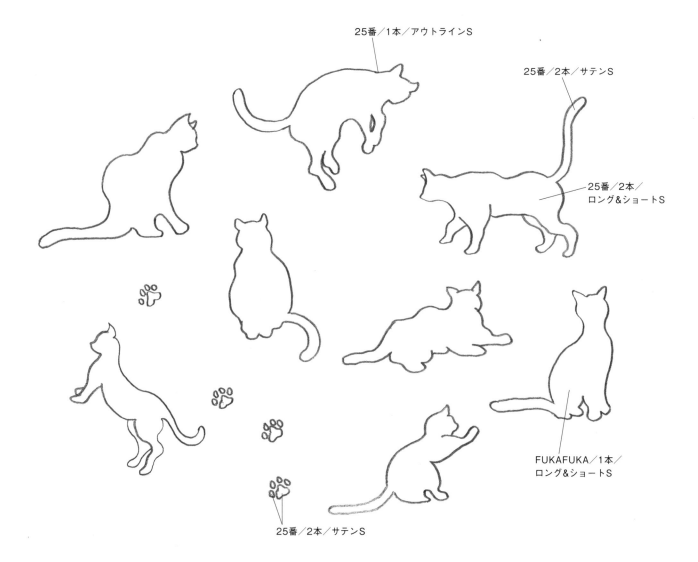

25番／1本／アウトラインS

25番／2本／サテンS

25番／2本／
ロング＆ショートS

78

FUKAFUKA／1本／
ロング＆ショートS

25番／2本／サテンS

使用糸
25番刺繍糸（オリムパス）＿色番900
5番刺繍糸（オリムパス）＿色番900
FUKAFUKA（ototoito）＿色番004

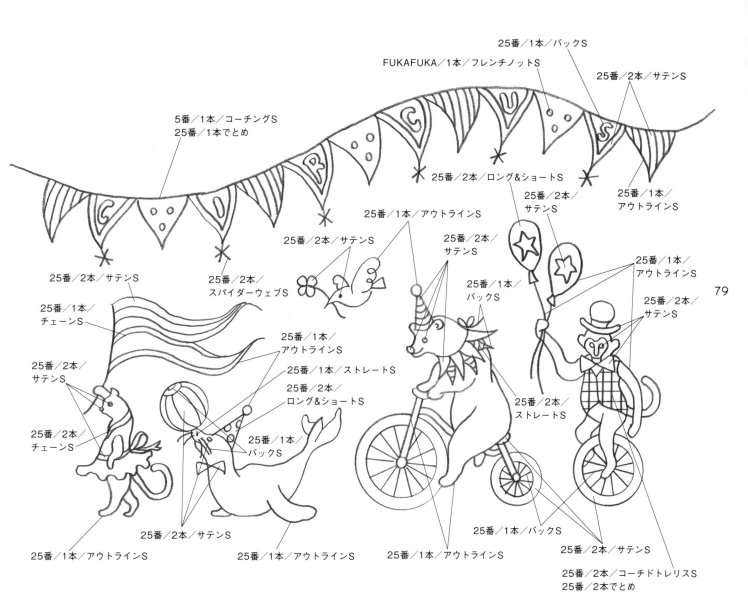

25番／1本／バックS

FUKAFUKA／1本／フレンチノットS

25番／2本／サテンS

5番／1本／コーチングS
25番／1本でとめ

25番／2本／ロング＆ショートS

25番／2本／
サテンS

25番／1本／
アウトラインS

25番／1本／アウトラインS

25番／2本／サテンS

25番／2本／
サテンS

25番／1本／
バックS

25番／1本／
アウトラインS

25番／2本／
サテンS

79

25番／2本／サテンS

25番／2本／
スパイダーウェブS

25番／1本／
チェーンS

25番／2本／
サテンS

25番／1本／
アウトラインS

25番／1本／ストレートS

25番／2本／
ロング＆ショートS

25番／2本／
チェーンS

25番／1本／
バックS

25番／2本／
ストレートS

25番／2本／サテンS

25番／1本／アウトラインS

25番／1本／アウトラインS

25番／1本／アウトラインS

25番／1本／バックS

25番／2本／サテンS

25番／2本／コーチドトレリスS
25番／2本でとめ

FAVORITE PLACE → P.42

使用糸　25番刺繍糸（オリムパス）＿色番900
FUKAFUKA（ototoito）＿色番004

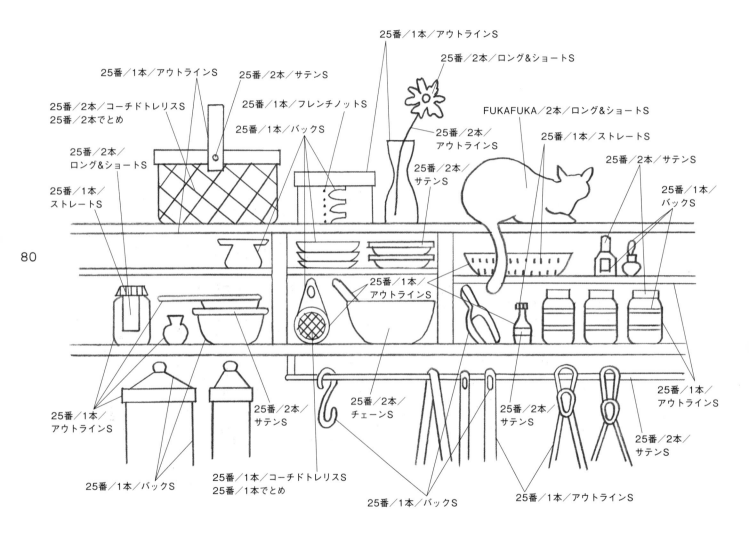

25番／1本／アウトラインS

25番／2本／ロング＆ショートS

25番／2本／サテンS

25番／1本／フレンチノットS

25番／1本／アウトラインS

25番／2本／コーチドトレリスS
25番／2本でとめ

25番／1本／バックS

FUKAFUKA／2本／ロング＆ショートS

25番／2本／アウトラインS

25番／1本／ストレートS

25番／2本／サテンS

25番／2本／ロング＆ショートS

25番／1本／ストレートS

25番／2本／サテンS

25番／1本／バックS

25番／1本／アウトラインS

25番／1本／アウトラインS

25番／1本／アウトラインS

25番／2本／チェーンS

25番／2本／サテンS

25番／1本／アウトラインS

25番／1本／アウトラインS
25番／1本／バックS

25番／1本／コーチドトレリスS
25番／1本でとめ

25番／2本／サテンS

25番／1本／バックS

25番／2本／サテンS

25番／1本／アウトラインS

80

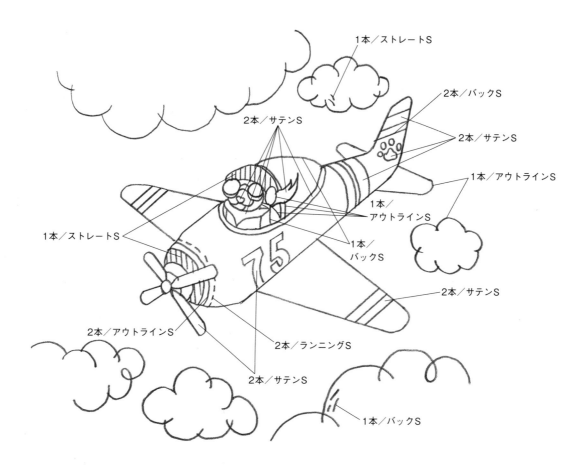

1本／ストレートS

2本／バックS

2本／サテンS

2本／サテンS

1本／アウトラインS

1本／アウトラインS

1本／ストレートS

1本／バックS

2本／サテンS

2本／アウトラインS

2本／ランニングS

2本／サテンS

1本／バックS

使用糸 25番刺繍糸（オリムパス）_ 色番900

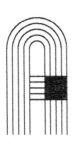    

 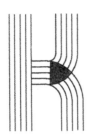  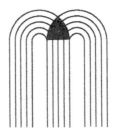 

 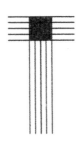 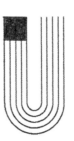 

1本／アウトラインS

2本／ロング＆ショートS

基本のアルファベット。登場人物の名前は、このステッチを基本にアレンジしています。
ほかのステッチに置き換えたりして楽しんでください。

atsumi

多摩美術大学卒業後、アパレルメーカー、同大学に勤務ののち、
刺繍をベースとする作家としての活動を始める。
個展の開催や異素材を扱う作家・企業との
コラボレーションワーク、アニメーションへの素材提供・
装画制作、ワークショップなどの活動をしている。
2017年より、刺繍の魅力を伝えるコンテンツ
See Sew project の監修
2022年より、質感であそぶ刺繍糸ブランド
ototoito の監修
〈著書〉
『刺繍のエンブレム』『刺繍のエンブレムA to Z』
『ことばと刺繍』(以上 文化出版局)
『刺繍のはじめかた 増補新版』『刺繍博物図』
『刺繍博物図2』(以上 小学館)

www.itosigoto.com

STAFF

ブックデザイン	葉田いづみ
撮影	安田如水(文化出版局)
スタイリング	atsumi
デジタルトレース	宇野あかね(文化フォトタイプ)
イラスト	薄井年夫(p.49-51)
校閲	向井雅子
編集	田中薫(文化出版局)

素材協力　　オリムパス製絲
　　　　　　tel.052-931-6679
　　　　　　https://olympus-thread.com
　　　　　　ototoito
　　　　　　https://ototoito.stores.jp/
Illustration　ARATA @arata_art_(p.26)

黒い糸で紡ぐある家族の刺繍

発　行　2023年11月5日　第1刷

著　者　atsumi
発行者　清木孝悦
発行所　学校法人文化学園 文化出版局
　　　　〒151-8524　東京都渋谷区代々木3-22-1
　　　　電話 03-3299-2485(編集)
　　　　　　　03-3299-2540(営業)
印刷・製本所　株式会社文化カラー印刷